春韵诗魂

——生肖、节气与酒的咏叹调

精武书局 编

文汇出版社

精武书局 编纂委员会
精武画报 编创部

薛锡祥　张治中 编著

陈思和 序

仲富兰 跋

周　斌 题字

姜小鹏 作曲
薄建春 绘画
李绍珙 篆刻

出品策划
上海市民俗文化学会
精武美术馆
精武问乐交响乐团
上海精武国际旅行社有限公司
上海精武体育文化发展有限公司

春韻詩魂

癸卯冬
周誠題

诗画美酒，大酺天下
——为《春韵诗魂》而序

　　《春韵诗魂》是一本奇书。

　　吾友虹口精武会张治中君，素有仪狄之雅好，善作奇想，广开合作研发创新之路。每有研制新酒佳酿，喜与朋友分享，酒醴维醹，其乐融融。同席有诗人薛锡祥君豪兴大发，文思如涌，遂与治中君合作，构思创作大型组诗《春韵诗魂》，配制以图画，熔时令节气、干支生肖、民间风俗与酒文化为一炉，以文字、诗情、画意、装潢为盐醢，成就一盘中华民俗文化之语词佳肴。诗成之后，薛君意犹未尽，书寥寥数语，嘱我写入序中，以壮声色。恭敬不如从命，兹录于下：

　　千古瑰宝，万世流转。生肖一十二，节气二十四，灿烂中华文化之精髓，融入炎黄民族之骨血，乃至信念灵魂。一本书、一首诗、一幅画、一瓶酒都可以成为载体，其文化底蕴如黄钟大吕，又如掌上芭蕾，呈现于时代面前，可以成为生活、习俗、游戏、性情，使人赋予想象、心情愉悦、激情亢奋⋯⋯

　　薛君善饮，写过著名诗赋《中华酒道赋》，脍炙人口，字里透香。其始言道："美酒始于自然，炎黄誉为天羹。仪狄始作酒醪，祭祀社稷诸神⋯⋯"以中华酒史洞察太古传说，从自然蛮荒写到国家社稷，酒之大道，磅礴而今。组诗《春韵诗魂》气象更加阔达，书分二十四篇章，歌咏二十四时节，每章节又反复吟唱十二生肖故事，计共二百八十八首小令。子鼠丑牛寅虎卯兔辰龙……十二生肖轮番登场，反复吟唱，故其副题称谓"生肖、节气与酒的咏叹调"。其贯穿始末者，中国酒文化也，兼通天地节律、自然气候、民俗风情、神话传说，无所不包，以兆国运之欣欣向荣，大地春回。

天干地支、农事节气、风俗民情、节庆美酒，无不凝聚了中华农耕文化之精华。先民筚路蓝缕，以启山林，在与大自然的长期搏斗中，逐步认识了自然界运行的规律。他们仰观象于天，发现日月星辰在自然运行中有迹可循；俯观法于地，发现天体运行法则都能在大地万象中获得响应。他们通过生产实践逐渐掌握了天地应和之规律，其智慧结晶，就是发现四时八节，进而掌握春夏秋冬的自然规律与生产劳动、生活作息的关系，再进而创立二十四节气和用天干地支的方法排列出十二时辰，生肖文化也由此形成。根据地下出土文物所载，秦代竹简《日书》里就有关于动物图腾与纪历法的记载。再据东汉王充《论衡》里记载的中国十二生肖与地支关系，与现在流行的生肖文化已经完全合一。从劳动实践的观点而言，十二生肖文化的形成过程应该比文献记载更加古老一些。

农历节气与干支纪年都是中国古代高端文化的呈现，不仅仅是为了指导农事生产，还体现了东方民族特有的天文解读能力，特有的宇宙观和哲学观，也是一种理解生命奥秘的精神能力。汉民族主要是农耕民族，其文化的核心部分是强调天人合一，即人的生命信息与大自然的亲密交融和交流，用生命感应天地人事。农耕社会的文化指标在于每年风调雨顺以获农作物丰收，为了这个目标，人们必须了解天体运行知识，利用自然规律，掌握自然节奏，顺则丰年，逆则灾荒。以同理推导世间人事，知天行事，顺时而昌；逆天行事，身败名裂。无论国运，还是农事，更及人际，莫不应验。由此认知基础，人们把一年分出二十四个时令节气，周而复始，衍生出农业生产的时间节点，兼及民俗节日，婚丧喜庆，繁衍后代，既调配农时节奏，也实践生活智慧；又把一天划分出十二个时辰，白天黑夜融会贯通；配置十二生肖，以动物图腾喻示人性百态，生活万象；天干地支辩证搭配，十二时辰为一天，十二年为一纪，六十年为一甲子，周而复始。不仅纪历法，也通星相，引向更神秘幽暗的命运之学。这就形成东方古老文化无穷无尽奥秘深邃的天人之道。

薛君赋诗，通过节气、生肖的轮回咏叹，不离农事时令，不离民俗风物，反复歌咏的主要意象，竟是美酒。在天地自然之上，又加了一道文化大餐：美酒文化。酒在古代是农作物丰收的喜庆象征，唯在丰年，才有足够的农作酿酒，成为美味佳肴不可或缺的饮品。千百年来，酒唯分清浊，无论贵贱，均与人类生活融为一体：贵族奢侈糜烂之见证，民间小康乐惠之呈现，文士放歌创造之动力，战士纵情庆功之寄托，慎终追远之必备品，节庆喜宴之吉祥物。酒是一种文化，它来自粮食水果等物质构造，却能产生精神的非凡效应：使人兴奋、使人陶醉、使人迷幻、使人

三

消愁、使人血脉偾张、使人幸福满满，也使人慷慨悲歌，拔剑起舞……故而，酒绝非单纯之物质，它是激发感情世界的中介，通向精神境界的桥梁，无论酪酊还是微醺，都反映了一个历史时期人们喜怒哀乐的集体无意识。西哲尼采把酒的精神性提升为酒神精神（狄奥尼索斯精神），指一种狂欢无度、载歌载舞、爆发出巨大生命创造能量的人性状态。而在薛君的诗歌王国里，也许没有酒神精神的哲学导向，但写出了一派温馨人间、回归自然、融入民俗世界的中华酒风尚。

四　　我很欣赏这样的小令："秋叶未落尽，留下几片红。莫非秋是酒，熏得秋意浓。"（《白露之酉鸡》）秋天季节，树叶片片红了，于是诗人就问道：难道秋天是酒吗？把叶子都熏得醉了。还有："小暑喜阴凉，遛狗到荷塘。忽来丝丝雨，滴下是酒香。"（《小暑之戌狗》）诗人又问道：难道天上也是酒吗？为什么洒下的丝丝小雨，都充满了酒香？再读下去："白露疑为霜，寻酒找酒缸。神马落蹄处，泥土冒酒香。"（《白露之午马》）原来，大地沃土也藏着美酒，马蹄踩下去，地里冒出来的全是香喷喷的酒啊！真是酒天酒地，香满人间。诗人也陶醉了，请看那只醉醺醺的小鼠："一杯立春酒，喝退三九寒。神鼠醉意浓，走路也扶墙。"这其实是一种欢乐人间、昌盛家国的吉祥符号，用诗情画意，写出了千百年来中华民族勤劳智慧的文化传统和喜感心理。我把它称之为诗人笔下的"美酒文化"。

以生肖文化歌咏二十四节气，以美酒精神贯穿生肖文化，十二生肖动物形象可爱，接地气，通民俗，与普通人日常生活密切关联；二百八十八首小令与之对应，采撷民歌童谣之句型，描绘卡通故事之形象，生动活泼，趣味盎然；治中君为彰显诗酒文化之美轮美奂，特请方家为之装潢绘图治印配乐，创制了一个别开生面、内涵诗书画乐礼的美酒文化系统，足以助酒兴、冶人性、暖世风。真是：以酒养生，弘扬精武精神为旨要；以诗咏世，颂扬中华民俗作主题。诗酒文化相得益彰，精武斯文天作地合，斯是大业，人神喜庆。愿与诸君高擎杯盏，诗画美酒大酺天下，祝天时风调雨顺，祝大地万象更新，祝人民恪守其岗，昼夜相安，祝愿每一个生命远离疫灾，永寿康健。

五

治中君嘱咐为《春韵诗魂》作序，欣然从命，读之心潮澎湃，情不自禁，龙蛇就，是为序。

复旦大学文科资深教授

壬寅年端午节后一周

目录

二

四

序章

千古一曲节气歌　百年几回生肖令

问乐问天地　拜神拜先祖
轮回生肖酒　醉倒我和你

第一章

立春
一壶春意

曲谱

立春玄之音

四

立春

24

精武书局

子鼠 立春 2月3-5日

立春 the Beginning of Spring

一杯立春酒　喝退三九寒
神鼠醉意浓　走路也扶墙

立春

24

精武书局

丑牛 立春 2月3-5日

太阳黄经为315° 于公历2月3—5日交节

燕归柳色青 天地万物新
牛王借酒兴 吟诵沁园春

一壺春意

立春

24

寅虎 立春 2月3-5日

精武书局

六

酒场不论剑　虎威何处现
雷鸣一声喝　杯中也闪电

立春

24

精武书局

卯兔 立春 2月3-5日

太阳黄经为315° 于公历2月3—5日交节

嫦娥下翠微　玉兔紧相随
捧出酱香酒　香飘醉峨眉

一壺春意

八

24

立春

辰龙 立春 2月3-5日

精武书局

花蕾做酒杯　酒里有香蕊
龙仙也敬酒　扶得佳人归

一壶春意

立春

24

精武书局

巳蛇 立春 2月3-5日

九

太阳黄经为315° 于公历2月3—5日交节

西湖撑花伞　断桥情意长
借来赤水酒　再忆白娘娘

立春

24

午马　立春　2月3-5日

精武书局

立春 the Beginning of Spring

酒是粮食精　无酒不成春
天马下尘埃　玉帝封酒神

立春

24

精武书局

未羊 立春 2月3-5日

太阳黄经为315° 于公历2月3—5日交节

牧羊谈苏武　名节耀千古
不饮劝降酒　朗朗见风骨

一壺春意

一二

立春

24

精武书局

申猴 立春 2月3-5日

立春 the Beginning of Spring

酒是一壶春　春在掌心中
聪猴酒三巡　还要添几盅

立春

24

酉鸡 立春 2月3-5日

精武书局

太阳黄经为315° 于公历2月3—5日交节

花开一枝梅　金鸡唱春回
你酒行酒令　劝君莫贪杯

一壶春意

一四

立春

24

精武书局

戌狗 立春 2月3-5日

立春 the Beginning of Spring

看家也护国
敬忠且教孝

精武有你我
酒中感慨多

立春

24

亥猪 立春 2月3-5日

精武书局

一壶春意

一五

太阳黄经为315° 于公历2月3—5日交节

花开百日红 春随酒意浓
福猪也问酒 醉中可通神

第二章

雨水
得雨随心

曲谱

雨水玄之音

得雨随心

雨水

24

子鼠 雨水 2月18-20日

精武书局

一八

雨水 Rain Water

梦中醉魂飘　雨水漫过腰
酒后闯铜雀　无意见二乔

得雨随心

雨

24

雨水

一九

精武书局

丑牛 雨水 2月18-20日

昌雨过小桥 走进凤凰巢
会见铁公主 喝酒摇鹅毛

得雨隨心

二〇

雨水

24

精武书局

寅虎 雨水 2月18-20日

雨水 Rain Water

雨花飘飘酒   酒花洒飘飘
足雨都成酒   酒后听虎啸

得雨随心

雨水

24

卯兔 雨水 2月18-20日

精武书局

太阳黄经为330° 于公历2月18—20日交节

二

雨浇窗边草　草边有新巢
得雨也得福　福兔乐逍遥

得雨随心

二三

雨水

24

精武书局

辰龙 雨水 2月18-20日

有雨就有水　　江河龙摆尾
勇破龙门阵　　前程锦绣美

雨水

24

巳蛇 雨水 2月18-20日

精武书局

太阳黄经为330° 于公历2月18—20日交节

金蛇舞苍穹　　雨中亮彩虹
风调雨也顺　　大地连年丰

得雨随心

雨

24

雨水

午马 雨水 2月18-20日

精武书局

二四

雨水从天降　天马穿雨行
人间赴盛宴　有酒有诗情

得雨随心

雨水

24

未羊 雨水 2月18-20日

精武书局

二五

太阳黄经为330°   于公历2月18—20日交节

雨天不打伞　伞是一朵云
云中藏好酒　见酒不见瓶

得雨随心

二六

雨水

24

精武书局　　　　　　　申猴　雨水　2月18-20日

雨水 Rain Water

瑶池本有酒　　曾赴蟠桃宴
人间酒水好　　独饮无须劝

雨水

24

雨水

精武书局

酉鸡 雨水 2月18-20日

二七

得雨随心

太阳黄经为330° 于公历2月18—20日交节

鸡为天堂鸟　　早鸣报天晓
耕云又播雨　　汗水变元宝

雨水

24

二八

精武书局

戌狗 雨水 2月18-20日

雨水 Rain Water

雨水换酒水　有酒生活美
敬贤也敬德　神犬举酒杯

得雨随心

雨水

二九

24

精武书局

亥猪 雨水 2月18-20日

太阳黄经为330° 于公历2月18—20日交节

江南雨巷深　丝竹弹春音
神猪趁酒兴　也唱三两声

第三章

惊蛰
闻雷发声

曲谱

惊蛰玄之音

闻雷发声

三二

惊蛰 the Waking of Insects

雷声震幽谷　　冬眠皆醒目
走向大世界　　鼠王出洞府

闻雷发声

驚蟄

24

精武书局

丑牛 惊蛰 3月5-6日

三三

太阳黄经为345° 于公历3月5—6日交节

惊雷一声令　开犁万物奋
牛蹄奔腾急　弓腰使酒劲

惊蛰 the Waking of Insects

雷声伴虎声　　虎虎更有神
神力加酒力　　扒山举海开

闻雷发声

惊蛰

24

精武书局

卯兔 惊蛰 3月5-6日

三五

太阳黄经为345° 于公历3月5—6日交节

惊蛰未惊兔　兔往月宫右
嫦娥名它时　恰在酒醒后

惊蛰

24

精武书局

辰龙 惊蛰 3月5-6日

惊蛰 the Waking of Insects

龙飞九重天　　雷公未敢言

一杯杜康酒　　抬头见龙颜

惊蛰

24

巳蛇 惊蛰 3月5-6日

精武书局

太阳黄经为345° 于公历3月5—6日交节

金蛇称小龙　闻雷也发声
我若管天地　谁敢当害虫

惊蛰 the Waking of Insects

神马追日来　惊蛰壮情怀
胜战必备酒　笑等令旗开

惊蛰

24

精武书局　　　　　　　未羊　惊蛰　3月5-6日

三九

太阳黄经为345°　于公历3月5—6日交节

三杯显威力　　催证马蹄急
头翘霸王角　　破敌惜霹雳

闻雷发声

四〇

惊蛰 the Waking of Insects

天宫曾闹过　　西游取正果
有我天下安　　酒量也不错

惊蛰

24

酉鸡　惊蛰　3月5-6日

精武书局

四一

太阳黄经为345°　于公历3月5—6日交节

秀才登皇榜　酒贺状元郎
未忘五更鸡　夜读报天光

四
二

惊蛰 the Waking of Insects

神犬可吞月　下凡守乾坤
旺旺三声雷　催你好播春

惊蛰

24

亥猪 惊蛰 3月5-6日

精武书局

太阳黄经为345° 于公历3月5—6日交节

群仙渡沧海　好酒摆船台
谁为座上客　当推猪元帅

第四章

春分
花前摆酒

春分玄之音

四
六

春分

24

子鼠 春分 3月20-22日

精武书局

春分 the Spring Equinox

春分求平和　阳阴各半多
过瘾不过量　舒心是酒歌

花前酌酒

四七

精武书局　　　　　丑牛　春分　3月20-22日

太阳黄经为0°　于公历3月20—22日交节

日月两均天　不辞桃花潭
酒饮半酣好　快牛不扬鞭

花前堰酒

四八

春分

24

精武书局   寅虎 春分 3月20-22日

春分 the Spring Equinox

登高未登天　走低避深渊
称王不称霸　无扰是酒仙

花前揾酒

24

春分

四九

精武书局

卯兔 春分 3月20-22日

太阳黄经为0° 于公历3月20─22日交节

春色也平分　花开色色新
微醉赏花兔　酒在韵味中

花前撰酒

五〇

春分

24

精武书局

辰龙 春分 3月20-22日

春分 the Spring Equinox

山海互为邻
有酒共品尝

龙虎不相争
同享是春分

春分

24

巳蛇 春分 3月20-22日

精武书局

五一

巳蛇扭龙腰　凌空轻轻飘
春分均冷热　温酒御寒潮

五二

春分

24

精武书局

午马 春分 3月20-22日

春分 the Spring Equinox

足踏紫藤飞
春分知酒力

腾空赴酒会
莫叫战马肥

花前堰酒

五三

精武书局　　　　未羊 春分 3月20-22日

太阳黄经为0°　于公历3月20—22日交节

春分好牧羊　无需鞭夕长
家中备好酒　百里闻酒香

五四

申猴 春分 3月20-22日

春分 the Spring Equinox

开帘望春远　神猴登云天
春分得意酒　不醉不成仙

花前携酒

春分

24

酉鸡 春分 3月20-22日

精武书局

五五

太阳黄经为0° 于公历3月20—22日交节

春分花更红　神鸡对天鸣
畅饮神仙酒　无恙一身轻

五六

春分

24

精武書局

戌狗 春分 3月20-22日

春分 the Spring Equinox

水火酒相容　春分賽黃金
驅邪也祛病　融融暖其身

精武书局　　　　　　亥猪　春分　3月20-22日

太阳黄经为0°　　于公历3月20—22日交节

春分即春生　　补阳也补阴
互补即调和　　花前携酒羹

第五章

清明
江南烟雨

曲谱

清明玄之音

清明 Tomb-Sweeping

清明雨纷纷　祭酒悼英魂
情深雨是泪　追念九泉人

清明

24

精武书局

丑牛 清明 4月4-6日

太阳黄经为15°于公历4月4—6日交节

草木正吐春
清明牛赐福

遍地铺浓荫
满眼是绿金

江南烟雨

清明 Tomb-Sweeping

虎王打擂台　酒圣八方来
清明比酒量　喝干四大海

江南烟雨

清明

24

六三

精武书局

卯兔 清明 4月4-6日

清明梨花雨　饮酒夜半灯
笙歌天宫有　无时不倾心

江南烟雨

六四

24

清明

精武书局　　　　辰龙　清明　4月4-6日

清明 Tomb-Sweeping

龙游五湖水　　离愁斟满杯
酒是思乡泪　　梦魂夜夜归

24

清明

巳蛇 清明 4月4-6日

精武书局

太阳黄经为15° 于公历4月4—6日交节

金蛇看花荫　　年年都不同
远窥断肠处　　美酒醉清明

江南烟雨

六六

24

清明

精武书局

午马 清明 4月4-6日

清明 Tomb-Sweeping

清明看炊烟　酒香飘九天
神马背神酒　赶赴玉皇宴

清明

24

未羊 清明 4月4-6日

精武书局

太阳黄经为15°于公历4月4—6日交节

山高客来少   人好酒杯深
清明相聚日   神羊串福门

江南烟雨

六八

清明 Tomb-Sweeping

江南烟雨船　夜半醉未眠
猴仙借酒劲　摇动水中天

精武书局

酉鸡 清明 4月4-6日

太阳黄经为15° 于公历4月4—6日交节

鸡鸣车马喧　酒酣却无言
推窗问海棠　何为酒中仙

江南烟雨

七〇

清

明

24

精武书局

戌狗 清明 4月4-6日

清明 Tomb-Sweeping

梧桐潇潇雨
神犬抱新月

点滴润清明
醉卧桂花亭

江南烟雨

清明

24

亥猪 清明 4月4-6日

精武书局

太阳黄经为15° 于公历4月4—6日交节

清明桃李开　阳光照仙台
一杯富贵酒　引得福猪来

第六章

谷雨
西窗剪影

谷雨玄之音

七四

谷雨

24

精武书局

子鼠 谷雨 4月19-21日

谷雨 Grain Rain

谷雨润春柳　　酒家处处有
天帝羞仙鼠　　为你敬福寿

谷雨

24

丑牛 谷雨 4月19-21日

精武书局

太阳黄经为30° 于公历4月19—21日交节

伞摇花一朵　伞下飘仙娥
陪伴人带酒　原是牛郎哥

谷雨

24

精武书局

寅虎 谷雨 4月19-21日

谷雨 Grain Rain

谷雨茶当酒　清香可润喉
虎妹唱一曲　引吭望海楼

谷雨

24

卯兔 谷雨 4月19-21日

精武书局

太阳黄经为30° 于公历4月19—21日交节

三月满城花　喜摘门前茶
虎哥问兔妹　你是谁家娃

西窗剪影

七八

谷雨

24

辰龙 谷雨 4月19-21日

精武书局

谷雨 Grain Rain

谷雨如抽丝　织就江南诗
诗韵和酒韵　龙心有感知

西窗剪影

谷雨

24

七九

精武书局

巳蛇 谷雨 4月19-21日

太阳黄经为30°　于公历4月19—21日交节

春妹采樱桃　牡丹吐芳苞
飞花传酒情　扭动水蛇腰

西窗剪影

八〇

谷雨

24

精武书局

午马 谷雨 4月19-21日

谷雨 Grain Rain

诗思如泉涌　抒怀带酒吟
天马无愁绪　谷雨添豪兴

西窗剪影

八一

谷雨

24

精武书局

未羊 谷雨 4月19-21日

太阳黄经为30° 于公历4月19—21日交节

柳絮本是花 花飞帝王家
聪羊捧一朵 疑是谷雨茶

谷雨 Grain Rain

谷雨

24

酉鸡 谷雨 4月19-21日

精武书局

太阳黄经为30° 于公历4月19—21日交节

早鸣日登天 晚催月下山
当个总司令 天地听调遣

西窗剪影

八四

谷雨

24

精武书局

戌狗 谷雨 4月19-21日

谷雨 Grain Rain

守家一门炮　　护人尽忠孝
爱富不嫌贫　　付出非图报

24

谷雨

亥猪 谷雨 4月19-21日

精武书局

太阳黄经为30° 于公历4月19—21日交节

曾羡富态美　　更觉匀称肥
偶饮几杯酒　　貌着醉贵妃

第七章

立夏
荷风送爽

曲谱

立夏玄之音

荷风送爽

立夏

24

八八

精武书局

子鼠 立夏 5月5-7日

立夏 the Beginning of Summer

排名我占先　　登天也成仙
喝杯立夏酒　　从善得人缘

荷风送爽

立夏

24

丑牛 立夏 5月5-7日

精武书局

八九

奋力耕春秋　　无悔身为牛
有奶尽挤出　　喝水且当酒

荷风送爽

九〇

立夏

24

精武书局

寅虎 立夏 5月5-7日

立夏 the Beginning of Summer

有感不疯狂　无犯皆相安
好酒壮筋骨　谐和共一山

荷风送爽

立夏

24

精武书局　　　　　　　卯兔 立夏 5月5-7日

九一

太阳黄经为45°　于公历5月5—7日交节

月兔立神威　挥袖雄风咏
立夏也企酒　饮酒戒犯规

荷风送爽

立夏

24

精武书局

辰龙 立夏 5月5-7日

九二

立夏 the Beginning of Summer

日猛云当伞　　风冷衣遮寒
爱酒不贪酒　　龙王非酒王

荷风送爽

立夏

24

精武书局

巳蛇 立夏 5月5-7日

太阳黄经为45°　于公历5月5—7日交节

金蛇敢称龙　能屈也能伸
巧变妙龄女　酒胀闹龙宫

荷风送爽

九四

立夏

24

精武书局

午马 立夏 5月5-7日

骑马腾空飞　亮剑耀明辉
喝杯誓师酒　杀敌凯旋归

荷风送爽

立夏

24

未羊 立夏 5月5-7日

精武书局

九五

太阳黄经为45° 于公历5月5—7日交节

立夏日初长　深草好牧羊
只觉春未尽　夜时花带霜

荷风送爽

立夏

24

申猴 立夏 5月5-7日

精武书局

九六

虎山有灵猴　相安共一楼
穿林互敬酒　哪问谁是头

立夏

24

酉鸡 立夏 5月5-7日

精武书局

太阳黄经为45° 于公历5月5—7日交节

头顶一片红 身披云霞轻
勇当格斗士 常胜是冠军

荷风送爽

九
八

立夏 24

精武书局　　　　　　戌狗 立夏 5月5-7日

立夏 the Beginning of Summer

竹影涵青昏　　荷风送爽来
犬鸣贵客至　　尽是笑颜开

荷风送爽

立夏

24

九九

精武书局

亥猪 立夏 5月5-7日

太阳黄经为45° 于公历5月5—7日交节

燕飞在客堂 把酒敬猪王
借此一席地 筑巢在画梁

第八章

小满
夜色蔷薇

曲谱

小满玄之音

小满 Lesser Fullness of Grain

小满一杯酒　大满一壶茶
神鼠出谷仓　方知乾坤大

夜色奮藏

小满

24

丑牛　小满　5月20-22日

精武书局

太阳黄经为60°　于公历5月20—22日交节

酒满唱丰收　心满忘忧愁
拉犁也推磨　终生甘为牛

夜色薔薇

一〇四

小满

24

精武书局

寅虎 小满 5月20-22日

小满 Lesser Fullness of Grain

林深满青翠　花繁满春晖
虎安满心愿　民富满欣慰

小满

24

卯兔 小满 5月20-22日

精武书局

太阳黄经为60° 于公历5月20—22日交节

夜色睐蕾薇　小满酒盈杯
当歌邀明月　玉兔也相陪

小满 Lesser Fullness of Grain

小满雨纷纷　群蛙齐发声
送水别送涝　一切为众生

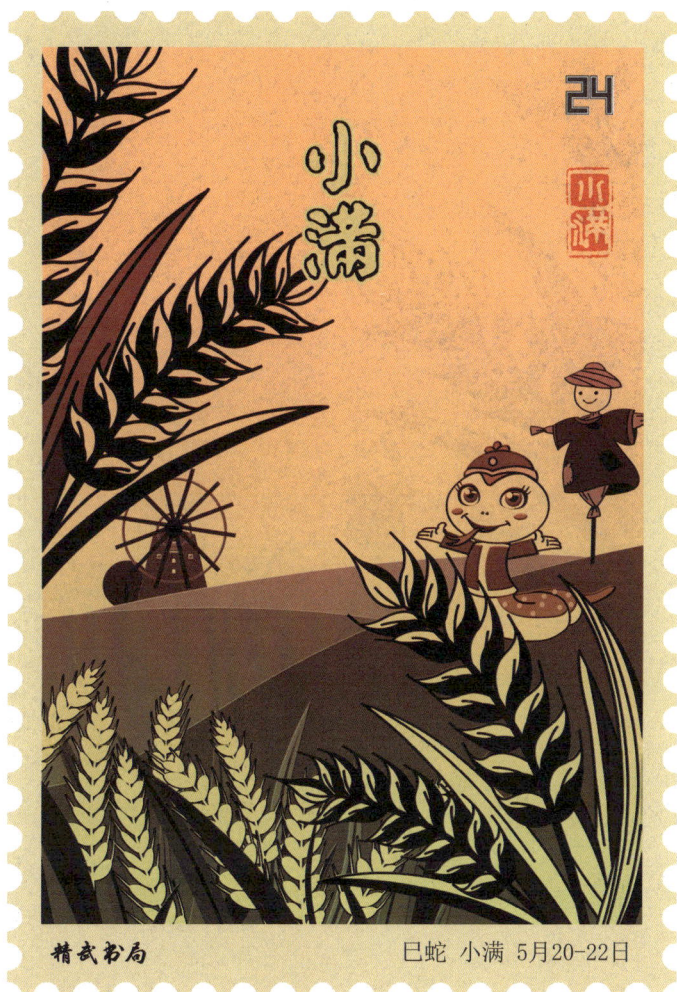

夜色薔薇

小满

24

精武书局

巳蛇 小满 5月20-22日

一〇七

太阳黄经为60° 于公历5月20—22日交节

黄莺鸣枝头
又见采桑女
仙蛇也出游
采得歌满篓

一〇八

24

小满

精武书局

午马 小满 5月20-22日

小满 Lesser Fullness of Grain

神马送小满　正逢桑叶肥
举杯拜惠雨　求得羊年归

小满

24

精武书局

未羊 小满 5月20-22日

太阳黄经为60° 于公历5月20—22日交节

小满奔草原　　酒后扬牧鞭
一曲马头琴　　演奏天地欢

24

小満

申猴 小满 5月20-22日

藉武书局

小满 Lesser Fullness of Grain

要猴不要我　我是猴王哥
小满酒当茶　醉了羊收乐

夜色蔷薇

24

小满

精武书局   酉鸡 小满 5月20-22日

一一一

太阳黄经为60°   于公历5月20—22日交节

酒醒不用喊   雄鸡乐下岗
小满电子鸟   准时报晨光

夜色薔薇

一二三

小满

24

戍狗 小满 5月20-22日

精武书局

小满 Lesser Fullness of Grain

家大不看门　　晨昏迎主人
小满不知满　　旺旺叫几声

小满

24

亥猪 小满 5月20-22日

精武书局

太阳黄经为60° 于公历5月20—22日交节

小满正当午　酒后打呼噜
醉里说丰年　梦中也跳舞

第九章

芒种
梦播沃土

曲谱

芒种玄之音

芒种

24

子鼠 芒种 6月5-7日

精武书局

芒种 Grain in Ear

芒种不能误　鼠王抢一步
送来开播酒　劝饮催农户

芒種

24

丑牛 芒种 6月5-7日

精武书局

太阳黄经为75°　于公历6月5—7日交节

捧酒敬牛神　芒种早开耕
梦播沃土下　平地绿意生

梦播沃土

芒种

24

寅虎 芒种 6月5-7日

精武书局

一一八

芒种 Grain in Ear

时雨不遮伞　　芒种送酒香
虎哥问虎妹　　你这为哪桩

梦播沃土

芒種

24

一一九

精武书局

卯兔 芒种 6月5-7日

知晓芒种日　问酒问插秧
计议务农事　彻夜到天光

芒種

24

精武书局

辰龙 芒种 6月5-7日

芒种 Grain in Ear

捧杯饮酒时　轻吟芒种诗
神仙说芒种　风摇杨柳枝

24

芒種

精武书局

巳蛇 芒种 6月5-7日

太阳黄经为75°　于公历6月5—7日交节

芒种金蛇游　捧酒进庙楼
三叩求风雨　岁岁好年头

梦播沃土

一二三

芒種

24

精武书局

午马 芒种 6月5-7日

芒种 Grain in Ear

芒种盛夏好　　黑马也赶潮
催麦芽拱土　　丰年汗水浇

梦播沃土

一二三

养蚕兼牧羊　　喝酒也喝汤
九哥闻九妹　　体上有酱香

芒种 Grain in Ear

大圣下凡界　　芒种挺勤快
种粮好造酒　　不用提壶买

梦播沃土

芒種

24

精武书局

酉鸡 芒种 6月5-7日

一二五

太阳黄经为75° 于公历6月5—7日交节

酷似凤凰鸟　丹冠配锦袍
芒种催人急　太阳也起早

梦播沃土

芒种 Grain in Ear

戌狗 芒种 6月5-7日

精武书局

天狗守边防　忠勇寒战狼
见敌敢撕咬　生死比高强

梦播沃土

芒种

24

精武书局

亥猪 芒种 6月5-7日

一二七

太阳黄经为75° 于公历6月5—7日交节

芒种猪拱土
种下红高粱

仿佛在种酒
美酒遍地有

第十章

夏至
避暑西厢

夏至玄之音

夏至 the Summer Solstice

夏至梅初黄　避暑到西厢
鼠王爱看戏　喝酒觉红娘

避暑西厢

夏至

24

如夏

精武书局

丑牛 夏至 6月21-22日

一三一

太阳黄经为90° 于公历6月21—22日交节

夏至离瑶台　牛王乘风来
求得喜雨酒　陶醉苗家寨

避暑西厢

一三二

夏至

24

夏至 6月21-22日

寅虎 夏至 6月21-22日

精武书局

夏至 the Summer Solstice

夏至虎也知　抗旱要赶时
唤得称心雨　大地铺绿诗

夏至

24

卯兔 夏至 6月21-22日

精武书局

太阳黄经为90° 于公历6月21—22日交节

玉兔跑得快 传令当神羞
人间除邪恶 借得天兵来

夏至 the Summer Solstice

水漫金山外
放王扫妖孽

滔滔淹楼台
水鬼化尘埃

避暑西厢

一三五

24

夏至

巳蛇 夏至 6月21-22日

精武书局

太阳黄经为90°　于公历6月21—22日交节

雄心可吞象　胆大敢包天
小蛇变金龙　富乐送人间

夏至

24

午马 夏至 6月21-22日

精武书局

夏至 the Summer Solstice

好马知使命 出征领头阵
今日变铁马 无敌更称雄

夏至

24

未羊 夏至 6月21-22日

精武书局

太阳黄经为90° 于公历6月21—22日交节

夏至粽子香　　划船在端阳
羊仙祭诗魂　　酒洒汨罗江

夏至 the Summer Solstice

夏至玫瑰香　花香酒满缸
拜堂交杯酒　醉了如意郎

夏至

24

酉鸡 夏至 6月21-22日

精武书局

太阳黄经为90° 于公历6月21—22日交节

夏至听蛙鼓　鸡鸣应声呼
种豆听时令　最怕禾苗枯

避暑西厢

夏至

24

精武书局

戌狗 夏至 6月21-22日

夏至 the Summer Solstice

夏至有谁知　知了鸣高枝
犬伏桂花下　正是醉酒时

避暑西厢

夏至

24

亥猪 夏至 6月21-22日

精武书局

一四一

太阳黄经为90° 于公历6月21—22日交节

小荷撑绿伞　　杜鹃岸上啼
猪王醉卧时　　倍感有诗意

第十一章

小暑
问乐听音

曲谱

小暑玄之音

小暑

24

子鼠 小暑 7月6-8日

精武书局

小暑 Lesser Heat

金鼠抗三伏 顶住大阳酷
战胜无情雨 年丰老酒足

太阳黄经为105° 于公历7月6—8日交节

小暑避打雷 大暑防破圩
甘露天赐酒 牛王笑颜回

小暑 Lesser Heat

热风从南吹　虎王发严威
酒酣战小暑　天公始作美

太阳黄经为105° 于公历7月6—8日交节

棉花吐白云　玉兔思寒衣
借酒求风雨　正是花龄期

小暑

24

辰龙 小暑 7月6-8日

精武书局

小暑 Lesser Heat

小暑烧苍穹　摆酒唤金龙
播洒顺心雨　飘来吉祥云

太阳黄经为105° 于公历7月6—8日交节

薰风难解渴　　小暑何处躲
金蛇送顺意　　甘霖随心喝

小暑 Lesser Heat

天上云冒烟　溪中水流浅
神马追晴雨　凌空抽一鞭

小暑

24

未羊 小暑 7月6-8日

精武书局

太阳黄经为105° 于公历7月6—8日交节

小暑尝新酒　豪羊宰牛乐
痛饮捧大碗　阿谁喝倒我

一五二

24

小暑

精武书局　　　申猴 小暑 7月6-8日

小暑 Lesser Heat

小暑猴王知　喝酒也写诗
挥动精武棒　不误练功时

小暑

24

精武书局

酉鸡 小暑 7月6-8日

太阳黄经为105° 于公历7月6—8日交节

问乐听天音 云头飘琴声
金鸡得意唱 原来是明星

小暑

24

戌狗 小暑 7月6-8日

精武书局

一五四

小暑 Lesser Heat

小暑喜阴凉　遛狗到荷塘
忽来丝丝雨　滴下是酒香

小暑

24

一五五

精武书局

亥猪 小暑 7月6-8日

太阳黄经为105° 于公历7月6—8日交节

蒙头就是睡 暑来无所谓
酒后七分醒 乐得三分醉

第十二章

大暑
何处芳洲

曲谱

大暑玄之音

何处芳洲

一五八

大暑

24

精武书局

子鼠 大暑 7月22-24日

大暑 Greater Heat

大暑何三秋　何处是芳洲
仙鼠一声嗥　酒香飘琼楼

何处芳洲

大暑

24

一五九

精武书局

丑牛 大暑 7月22-24日

太阳黄经为120° 于公历7月22—24日交节

树挂半轮月 萤火忽明灭
牛爷爱品酒 交杯三更夜

一六〇

精武书局　　　　寅虎　大暑　7月22-24日

大暑 Greater Heat

虎王在探秘　　饮酒借行舟
身边一轮月　　挂在望海楼

何处芳洲

一六一

精武书局　　　　　　卯兔 大暑 7月22-24日

太阳黄经为120°　于公历7月22—24日交节

大暑躲太阳　四处寻阴凉
也学青蛙跳　钻进荷花塘

何处芳洲

大暑

24

辰龙 大暑 7月22-24日

精武书局

一六二

大暑 Greater Heat

大暑随神游　林下获清幽
依山傍水住　福享老龙沟

何处芳洲

一六三

大暑

24

精武书局

巳蛇 大暑 7月22-24日

太阳黄经为120°   于公历7月22—24日交节

大暑热过头   冷风难挽留
蛇仙忽作雨   浇天熄火炉

大暑 Greater Heat

神马战三伏　瓜果不应无
冰酒也吸热　朝天开一壶

何处芳洲

大暑

24

一六五

精武书局

未羊 大暑 7月22-24日

太阳黄经为120° 于公历7月22—24日交节

鸣蝉叫热昏　　神羊不发声
借酒战炎魔　　喝倒火神君

大暑

24

精武书局　　　申猴　大暑　7月22-24日

大暑 Greater Heat

身在花果山　喝酒不相让
每年逢大暑　却要限酒量

何处芳洲

精武书局　　　　　　　　　酉鸡　大暑　7月22-24日

太阳黄经为120°　于公历7月22—24日交节

大暑抓热浪　向往月宫寒
三鸣即升空　结交神仙伴

大暑

24

精武书局　　　　　　戌狗　大暑　7月22-24日

大暑 Greater Heat

大暑汗连连　　提桶吊寒泉
低头看深井　　却见月儿圆

何处芳洲

一六九

太阳黄经为120° 于公历7月22—24日交节

大暑送热风　未见雨降温
恨不云遮日　撒下是浓荫

第十三章

立秋
叶落听秋

曲谱

立秋玄之音

一七二

精武书局　　　　　　　　子鼠 立秋 8月7-9日

立秋 the Beginning of Autumn

立秋雨来时　　金鼠登高枝
饮秋品酒浓　　醉写红叶诗

立秋

丰

24

精武书局

丑牛 立秋 8月7-9日

太阳黄经为135° 于公历8月7—9日交节

叶落听秋声　荻花舞金风
酒诗对牛吟　秋色也是香

一七四

立秋 the Beginning of Autumn

立秋虎啸长　　秋雨洒寒江
人在酒楼处　　心在望故乡

立秋

丰

24

卯兔 立秋 8月7-9日

精武书局

太阳黄经为135° 于公历8月7—9日交节

耳长闻千里 眼红恨仇敌
蟾宫摘仙药 立秋治顽疾

一七六

立秋

丰

24

立秋

精武书局

辰龙 立秋 8月7-9日

立秋 the Beginning of Autumn

秋韵凝笔锋　秋意在酒中
龙吟农家乐　拱手贺年羊

立秋

丰

24

巳蛇 立秋 8月7-9日

精武书局

叶落听秋

一七七

太阳黄经为135° 于公历8月7—9日交节

露润柿子红　风摇桂花云
高粱初酿酒　蛇醉化金坟

立秋

叶落听秋

一七八

丰

立秋

精武书局　　　　午马 立秋 8月7-9日

立秋 the Beginning of Autumn

闻秋花果香　　梦里马脱缰
液酒敖龙马　　感动是上苍

一七九

太阳黄经为135° 于公历8月7—9日交节

秋撒落叶黄　　财运铺路长
路路有元宝　　金羊是吉祥

24

立秋

丰

精武书局　　申猴 立秋 8月7-9日

立秋 the Beginning of Autumn

啃秋一年年　　最知幸福甜
西瓜半烧酒　　甘美醉中眠

立秋

丰

24

精武书局　　　　　　　　酉鸡 立秋 8月7-9日

太阳黄经为135°　于公历8月7—9日交节

饮酒好摸秋　姑嫂摘瓜豆
鸡鸣送祝福　秋藏好兆头

立秋 the Beginning of Autumn

立秋吃龙眼 有福梦中圆
天狗许你愿 儿孙中状元

叶落听秋

立秋

丰

24

一八三

精武书局

亥猪 立秋 8月7-9日

太阳黄经为135° 于公历8月7—9日交节

立秋抢秋膘　饺子鼓包抱
一杯开胃酒　喝好敢摔跤

第十四章

处暑
一湖风荷

曲谱

处暑玄之音

24

处暑

精武书局　　　　　　　　子鼠 处暑 8月22-24日

处暑 the End of Heat

处暑好开渔　　扬帆摆酒宴
鼠王暗敬酒　　送上平安符

一湖风荷

24

处暑

丑牛　处暑　8月22-24日

精武书局

一八七

太阳黄经为150°　于公历8月22—24日交节

处暑转凉秋
感恩谢神牛

喝酒吃鸭肉
冬草储丰厚

一湖风荷

一八八

盛暑

24

精武书局　　　　寅虎　处暑　8月22-24日

处暑 the End of Heat

处暑忙祭拜　　插旗备酒菜
神虎谢土地　　烧香求安泰

处暑

24

一八九

精武书局

卯兔 处暑 8月22-24日

处暑放河灯　　纸船明月中
玉兔点红烛　　斟酒祭海神

一湖风荷

一九〇

处暑

24

精武书局　　　辰龙 处暑 8月22-24日

处暑 the End of Heat

五色盖浇饭　黄蓝白绿红
慢酌处暑酒　开瓶先数花

处暑

24

精武书局

巳蛇 处暑 8月22-24日

太阳黄经为150° 于公历8月22—24日交节

半城柳丝长　一湖风荷香
蛇变琵琶文　酒后唱花腔

一湖风荷

一九二

处暑

24

午马 处暑 8月22-24日

精武书局

处暑蒙蒙雾　花巷马行处
谁家行酒令　閒和秋声赋

一
湖
风
荷

24

处暑

精武书局

未羊 处暑 8月22-24日

一
九
三

太阳黄经为150° 于公历8月22—24日交节

行船几摇橹　　睡羊梦声无
夜深酒归时　　接送有人扶

一九四

处暑

24

精武书局　　　申猴 处暑 8月22-24日

处暑 the End of Heat

处暑听暮鼓　　醉看广场舞
谁为模仿秀　　金猴心有谱

一湖风荷

处暑

24

一九五

精武书局

酉鸡 处暑 8月22-24日

太阳黄经为150° 于公历8月22—24日交节

秋雨融秋霜　秋风送晚凉
夜静鸡沉默　免扰读书郎

一湖风荷

一九六

处暑

24

戌狗 处暑 8月22-24日

精武书局

临庙听晨钟　凡心换禅心
修佛即是佛　天狗也念经

一湖风荷

24

处暑

一九七

精武书局

亥猪 处暑 8月22-24日

太阳黄经为150° 于公历8月22—24日交节

放鹤心随飞　天猪乘风追
如何增高寿　还是减减肥

第十五章

白露
追梦廊桥

曲谱

白露玄之音

追梦廊桥

二一〇

24

白露

精武书局   子鼠 白露 9月7-9日

白露 White Dew

左看秋海棠   右闻米酒香
酒掺百花蜜   白露献鼠王

追梦廊桥

24

白露

精武书局　　　　　　　　丑牛　白露　9月7-9日

二〇一

太阳黄经为165°　于公历9月7—9日交节

秋意渐渐深　白露茶味浓
秋韵拌酒喝　牛哥变诗人

追梦廊桥

二〇二

白露

24

精武书局

寅虎 白露 9月7-9日

白露 White Dew

白露下青云　落山听虎吟
露为一滴酒　凝固是乡情

追梦廊桥

白露

24

白露

卯兔 白露 9月7-9日

精武书局

二〇三

太阳黄经为165°　于公历9月7—9日交节

白露酿米酒
愈久愈弥香

窖藏入洞口
玉兔称独有

白露 White Dew

白露吃龙眼　福寿日日添
贡龙一壶酒　摆在九月天

追梦廊桥

白露

24

二〇五

巳蛇 白露 9月7-9日

精武书局

太阳黄经为165° 于公历9月7—9日交节

走过白露桥　　漫游碧水涛
乐做神仙客　　喜闻酒香飘

追梦廊桥

二〇六

白露

24

精武书局

午马 白露 9月7-9日

白露 White Dew

白露疑为霜　寻酒放酒缸
神马落蹄处　泥土冒酒香

追梦廊桥

白露

24

精武书局

未羊 白露 9月7-9日

二〇七

太阳黄经为165° 于公历9月7—9日交节

九月天青高 羊仙吹洞箫
音符沾酒味 随风如意飘

追梦廊桥

二〇八

白露

24

申猴 白露 9月7-9日

精武书局

白露 White Dew

秋月添寒凉　酒瓶不带霜
料酒无寒意　满杯是春光

追梦廊桥

二〇九

白露

24

酉鸡 白露 9月7-9日

精武书局

太阳黄经为165° 于公历9月7-9日交节

秋叶未落尽　　留下几片红
莫非秋是酒　　熏得秋意浓

白露 White Dew

太阳黄经为165° 于公历9月7—9日交节

追梦看廊桥 仰望秋月高
把酒问伊人 何时下云霄

第十六章

秋分
月宫摘桂

曲谱

秋分玄之音

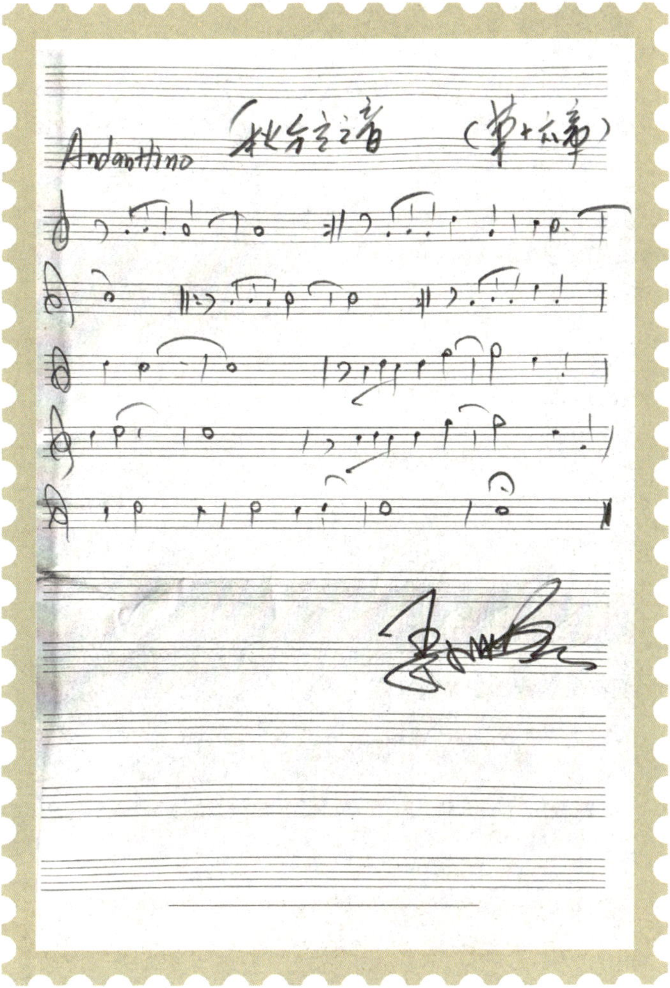

月宮摘桂

二一四

秋分

24

子鼠 秋分 9月22-24日

精武书局

子鼠插翅飞　　月宫摘丹桂
酒醒扪心问　　是否我有愧

秋分

24

丑牛 秋分 9月22-24日

精武书局

月宫摘桂

二一五

太阳黄经为180° 于公历9月22—24日交节

秋分送秋牛　秋耕拉犁头
秋是一杯酒　酿秋醉丰收

月宫摘桂

二一六

秋分

24

寅虎　秋分　9月22-24日

精武书局

读书也饮酒　酒暖秋分柔
精武立虎志　献身为国酬

月宫摘桂

秋分

24

精武书局

卯兔 秋分 9月22-24日

二一七

太阳黄经为180° 于公历9月22—24日交节

夜裁兔毛衣　细缝针脚密
线牵秋月光　缝在儿心底

月宮摘桂

秋分

24

秋分 9月22-24日

辰龙 秋分 9月22-24日

精武书局

秋分 the Autumn Equinox

秋分一杯茶　泡出酒中花
秋海龙腾处　金桂播紫霞

秋分

24

巳蛇 秋分 9月22-24日

精武书局

太阳黄经为180° 于公历9月22—24日交节

秋分好祭月　　金蛇舞红叶
天地设神坛　　竖蛋接财爷

月宫摘桂

二三〇

24

秋分

精武书局

午马 秋分 9月22-24日

秋分 the Autumn Equinox

秋分清露冷　马背驮黄金
求登观音阁　心城可通灵

月宫摘桂

24

秋分

精武书局　　　　　未羊　秋分 9月22-24日

一二一

太阳黄经为180°　于公历9月22—24日交节

秋分薅羊毛　红利赶商潮
把酒论输赢　看谁智商高

月宫摘桂

二三三

秋分

24

精武书局　　　　申猴 秋分 9月22-24日

秋分 the Autumn Equinox

弹奏秋分调　　雁来声声高
猴王见酒乐　　喜听琵琶谣

月宫摘桂

24

秋分

精武书局

西鸡 秋分 9月22-24日

二三三

太阳黄经为180° 于公历9月22—24日交节

秋时已过半 金鸡报风寒
珠露酒清影 村店酒正酣

秋分

24

精武书局　　　戌狗 秋分 9月22-24日

秋分 the Autumn Equinox

秋分至寒露　种麦不延误
酿酒造幸福　醉在欢乐处

秋分

24

亥猪 秋分 9月22-24日

精武书局

太阳黄经为180° 于公历9月22—24日交节

秋分已无雷 凝露不成泪
见酒便是喜 碰杯才知谁

第十七章

寒露
推窗闻箫

曲谱

寒露玄之音

推窗闻箫

二三八

寒露 Cold Dew

酷暑见凉意　晚秋添暖衣
仙鼠披锦袍　互教绅士礼

推窗闻箫

寒露

24

丑牛 寒露 10月7-9日

精武书局

太阳黄经为195° 于公历10月7—9日交节

寒露均寒暑　半温也半凉
神牛为人暖　甘挡北风狂

推窗闻箫

寒露

24

寒露 Cold Dew

精武书局　　　　　　寅虎 寒露 10月7-9日

二三〇

寒露凝为霜　飞雁排两行
神虎插双翼　带酒送天王

寒露

24

精武书局

卯兔 寒露 10月7-9日

太阳黄经为195° 于公历10月7—9日交节

九九吃花糕　重阳可登高
玉兔献美酒　拜寿在云霄

24

寒露

辰龙 寒露 10月7-9日

精武书局

寒露 Cold Dew

寒露乐钓秋　乐趣挂鱼钩
赏菊喝菊酒　雅兴在龙舟

寒露

24

精武书局

巳蛇 寒露 10月7-9日

太阳黄经为195° 于公历10月7—9日交节

寒露斗蟋蟀　玩时酒兴来
蛇为神仙客　喝酒称王牌

二
三
四

寒露 Cold Dew

菊月品菊酒　日月奉天九
九庆天马到　酒量添八斗

寒露

24

精武书局

未羊 寒露 10月7-9日

太阳黄经为195° 于公历10月7—9日交节

香山入金秋　聪羊进画图
寒露加羊酒　醉意满一壶

推窗闻萧

二三六

寒露

24

申猴 寒露 10月7-9日

精武书局

寒露 Cold Dew

寒生露凝日　　螃蟹已登秋
酒祝南迁雁　　此去别无忧

寒露

24

酉鸡 寒露 10月7-9日

精武书局

太阳黄经为195° 于公历10月7—9日交节

蝉噤荷残时　谁吟寒露诗
鸡鸣酒过年　莫怨客来迟

二三八

寒露

24

戌狗 寒露 10月7-9日

精武书局

寒露 Cold Dew

驱寒依花雕　　推窗闻吹箫
风催梧桐叶　　带着酒香飘

推窗闻箫

寒露

24

亥猪　寒露　10月7-9日

精武书局

太阳黄经为195°　于公历10月7—9日交节

赏菊斟美酒　吟诗在西楼
秋深夜雾尽　月影正当头

第十八章

霜降
暗香盈袖

曲谱

霜降玄之音

霜降 Frost's Descent

霜降冬开头　　金鼠钻棉球
酒暖心不冷　　销尽千古愁

霜降

24

精武书局

丑牛 霜降 10月23-24日

太阳黄经为210° 于公历10月23—24日交节

屋顶结冰霜 天井漏星光
相约黄昏后 把酒吟沧桑

暗香盈袖

二四四

24

霜降

精武书局   寅虎 霜降 10月23-24日

霜降 Frost's Descent

行走戴虎符　　一路凶神无
酒酒可驱邪　　正气满江湖

暗香盈袖

二四五

霜降

24

精武书局　　　　卯兔 霜降 10月23-24日

太阳黄经为210°　于公历10月23—24日交节

暗香盈袖口　携着天仙去
捧壶跳芭蕾　斟酒归仓酒

24

霜降

精武书局

辰龙 霜降 10月23-24日

霜降 Frost's Descent

新谷刚登场　祭秋点高香
三杯敬谷神　家家储丰粮

精武书局

巳蛇 霜降 10月23-24日

太阳黄经为210° 于公历10月23—24日交节

霜前摘棉花　霜后披婚纱
坐轿当嫁女　载酒到婆家

二四八

霜降

24

精武书局

午马 霜降 10月23-24日

霜降 Frost's Descent

霜降看苗情　补苗问文神
何时骑白马　接你当新人

暗香盈袖

24

霜降

二四九

未羊 霜降 10月23-24日

精武书局

太阳黄经为210° 于公历10月23—24日交节

霜降吟秋诗　　交杯得故知
跟随牧羊犬　　归乡正当时

二五〇

24

霜降

精武书局

申猴 霜降 10月23-24日

霜降 Frost's Descent

霜降登云楼　祭月悼晚秋
一尊酒未尽　问君何所求

暗香盈袖

24

霜降

二五一

霜降 精武书局 酉鸡 霜降 10月23-24日

太阳黄经为210° 于公历10月23—24日交节

霜前几回鸣 酒后更发声
红冠冠天下 谁人不识君

24

霜降

精武书局

戌狗 霜降 10月23-24日

霜降 Frost's Descent

金章红绶带　荣耀添豪迈
激励三杯酒　追敌比风快

二五三

亥猪 霜降 10月23-24日

精武书局

霜降抢割禾
开仪入仓酒

登场丰收多
仙猪喜唱和

第十九章

立冬
画楼镜月

曲谱

立冬玄之音

画楼镜月

二五六

24

立冬

精武书局

子鼠 立冬 11月7-8日

立冬 the Beginning of Winter

立冬雨生寒　雾阁寻暖房
满阶堆红叶　疑是驸马床

画楼镜月

24

立冬

二五七

丑牛 立冬 11月7-8日

精武书局

太阳黄经为225° 于公历11月7—8日交节

立冬赏黄花　感月吟风华
诗与酒相约　狂歌浪淘沙

画楼镜月

二五八

立冬

24

精武书局

寅虎 立冬 11月7-8日

立冬 the Beginning of Winter

王字竖额头　坐山当武侯
百兽听圳令　共饮和睦酒

画楼镜月

立冬

24

卯兔 立冬 11月7-8日

精武书局

二五九

太阳黄经为225°　于公历11月7—8日交节

立冬应补冬　补阳又补阴
一冬补三九　玉兔敬酒神

画楼镜月

二六〇

立冬

24

精武书局　　　辰龙 立冬 11月7-8日

立冬 the Beginning of Winter

冬寒炉火旺　　酒温茶水烫
冬眠不入睡　　龙王隶酒王

画楼镜月

二六一

立冬

24

巳蛇 立冬 11月7-8日

精武书局

太阳黄经为225° 于公历11月7—8日交节

立冬觉菊魁　蛇仙下翠微
喝酒无单影　凡间何人陪

画楼镜月

二六二

24

立冬

精武书局　　午马 立冬 11月7-8日

立冬 the Beginning of Winter

画楼镜月明　　立冬酒意浓
公主骑白马　　相依穿时空

太阳黄经为225° 于公历11月7—8日交节

舞衣当红妆　　旋舞入殿堂

敬酒羊馆婿　　爱称如意郎

画楼镜月

二六四

立冬

24

精武书局　　　　申猴 立冬 11月7-8日

立冬 the Beginning of Winter

上天摘仙桃　　下滚揄龙蛟
有酒驱冬寒　　酒藏蓝火苗

太阳黄经为225° 于公历11月7—8日交节

清露润黄花 冷雨冻寒鸦
何处酒香暖 鸡鸣报农家

立冬 the Beginning of Winter

瑞雪压劲枝　正当酒酣时
神犬豪兴发　长吟立冬诗

精武书局　　　戌狗 立冬 11月7-8日

立冬 24

亥猪 立冬 11月7-8日

精武书局

太阳黄经为225° 于公历11月7—8日交节

立冬与君别　喝酒醉风月
万事应胜意　都是随心悦

第二十章

小雪
雪落玉堂

曲谱

小雪玄之音

小雪

24

子鼠 小雪 11月22-23日

精武书局

小雪 Lesser Snow

小雪如飞蝶　随风舞寒夜
鼠王不胜酒　雪中频摇曳

雪落玉堂

小雪

24

丑牛 小雪 11月22-23日

精武书局

太阳黄经为240° 于公历11月22—23日交节

小雪飘洒洒　非花亦是花
醉牛伴雪舞　跳起蹦嚓嚓

雪落玉堂

二七二

小雪

24

寅虎 小雪 11月22-23日

精武书局

小雪 Lesser Snow

小雪也梦雪　　虎逢好时节
取悦行酒时　　总是情切切

小雪

24

精武书局　　　卯兔　小雪　11月22-23日

太阳黄经为240°　于公历11月22—23日交节

兔骑白龙马　小雪入酒家
寒在玉壶外　斟幽暖心花

小雪 Lesser Snow

小雪画彩图　　橙红寒意无
酒楼群仙会　　龙唱迎春赋

小雪

24

巳蛇 小雪 11月22-23日

精武书局

太阳黄经为240° 于公历11月22—23日交节

雪落玉堂前　　冰花挂屋檐
酒气穿墙过　　迎来白娘仙

雪落玉堂

二七六

24

小雪

精武书局　　　　　午马 小雪 11月22-23日

小雪 Lesser Snow

战马不卸鞍　将军落沙滩
借来还魂酒　再克致凶顽

雪落玉堂

小雪

24

未羊 小雪 11月22-23日

精武书局

二七七

太阳黄经为240° 于公历11月22—23日交节

宁喝醉仙酒 不喝迷魂汤
羊帅习精武 大勇杀群狼

雪落玉堂

二七八

小雪

24

申猴 小雪 11月22-23日

精武书局

小雪 Lesser Snow

雪花藏春壶　点火慢慢煮
猴王独自品　此酒天下无

小雪

24

酉鸡 小雪 11月22-23日

精武书局

太阳黄经为240° 于公历11月22—23日交节

雪盖白羽毛　　疑是披战袍
红冠翘头顶　　啼天显英豪

雪落玉堂

二八〇

小雪

24

精武书局

戌狗 小雪 11月22-23日

小雪 Lesser Snow

天犬逐雪狐　酒后兴味殊
藏阳趁眠早　晚起不过午

小雪

24

精武书局

亥猪 小雪 11月22-23日

太阳黄经为240° 于公历11月22—23日交节

畅饮麒麟星　醉倒神仙殿
未知雪后冷　梦也打呼噜

第二十一章

大雪
夜探梅园

曲谱

大雪玄之音

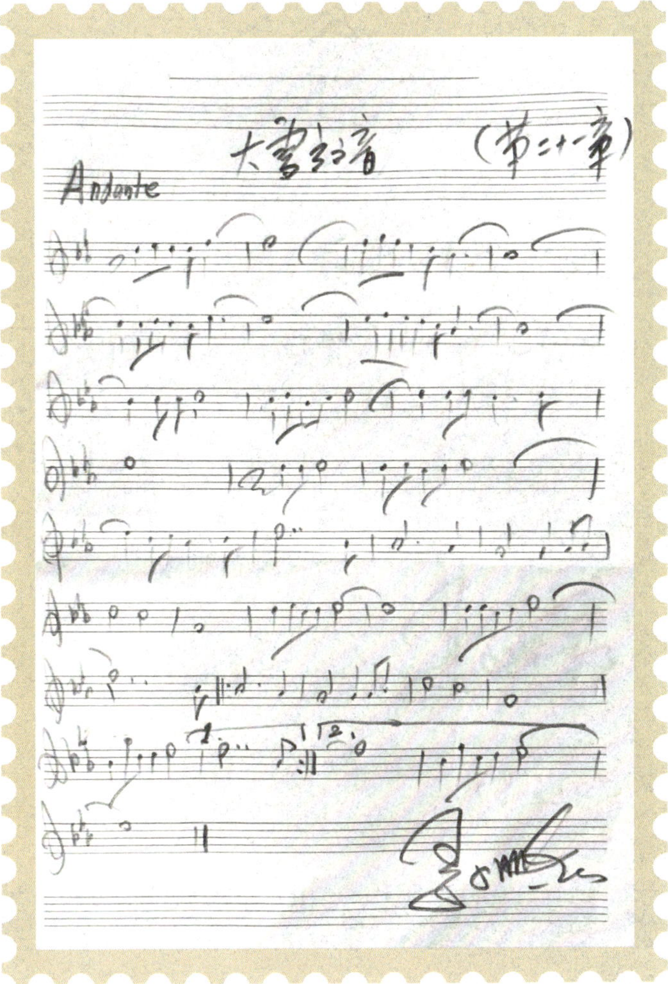

夜深探檢園

二八四

24

大雪

精武书局

子鼠 大雪 12月6-8日

大雪 Greater Snow

大雪兆丰年
梅开三度热

夜深探檎园
酒好鼠成仙

大雪

24

丑牛 大雪 12月6-8日

精武书局

太阳黄经为255°   于公历12月6—8日交节

瑞雪怀春恋　　酒暖冰非寒
登天有时日　　还想再耕田

夜探橡园

大雪

24

二八六

精武书局

寅虎 大雪 12月6-8日

大雪 Greater Snow

神虎读华章　书中闻诗香
吟雪带诵酒　酒喜状元郎

大雪

24

卯兔 大雪 12月6-8日

精武书局

夜探橡园

二八七

太阳黄经为255° 于公历12月6—8日交节

雪寒灯影寒　玉兔独坐禅
身暖更需酒　半轮月光残

夜探橡园

二八八

大雪

24

精武书局

辰龙 大雪 12月6-8日

大雪 Greater Snow

堆雪筑龙窝　虾兵蟹将多
八方宾客至　祝酒唱龙歌

夜探檶园

24

二八九

大雪

巳蛇 大雪 12月6-8日

精武书局

太阳黄经为255° 于公历12月6—8日交节

昼短黑夜长　小青问白娘
何时战法海　莫让他逞狂

24

大雪

精武书局

午马 大雪 12月6-8日

大雪 Greater Snow

大雪白茫茫　屋檐挂香肠
腌菜又腌肉　马到送吉祥

大雪

24

精武书局

未羊 大雪 12月6-8日

太阳黄经为255° 于公历12月6—8日交节

冬天好进补　补足可打虎
羊肥人变瘦　瘦身壮筋骨

夜探檬园

二九二

24

大雪

精武书局

申猴 大雪 12月6-8日

大雪 Greater Snow

大雪锁长河　滑冰舞婆婆
猴王下禁令　此处险情多

夜探樵园

24

大雪

二九三

精武书局

酉鸡 大雪 12月6-8日

太阳黄经为255° 于公历12月6—8日交节

雪落听鸡鸣　融化泥土中
愿做催春酒　醉绿万里情

大雪 Greater Snow

落雪催春花　飞入天王家
神犬捧一朵　瞬间变奇葩

大雪

24

精武书局

亥猪 大雪 12月6-8日

太阳黄经为255°　于公历12月6—8日交节

有酒独自饮　醉唱是酒声
不做神仙客　却当厚道人

第二十二章

冬至
四海皆友

曲谱

冬至玄之音

四海皆友

24

冬至

二九八

精武书局

子鼠 冬至 12月21-23日

冬至 the Winter Solstice

冬至阳复生　柳丝未抽青
致谢送行酒　欲醉孤独心

四海皆友

冬至

24

二九九

精武书局　　　丑牛 冬至 12月21-23日

太阳黄经为270°　　于公历12月21—23日交节

夜短思念长　　织女想牛郎

独酌相思酒　　一醉解愁肠

四海皆友

三〇〇

24

冬至

精武书局　　　　寅虎　冬至　12月21-23日

冬至 the Winter Solstice

冬至数九寒　尘山不做王
同饮公平酒　满桌摆仙汤

四海皆友

冬至

24

精武书局

卯兔 冬至 12月21-23日

太阳黄经为270° 于公历12月21—23日交节

神兔夜光顾　喝酒吃豆腐
点烛烧高香　不富也得富

四海皆友

三〇二

精武书局   辰龙 冬至 12月21-23日

冬至 the Winter Solstice

龙爷好福口　　爱喝冬酿酒
宴请天下客　　四海皆朋友

冬至

24

精武书局

巳蛇 冬至 12月21-23日

太阳黄经为270° 于公历12月21—23日交节

冬至祭祖先　举酒对皇天
蛇仙捧素檐　寓意孝为先

冬至

24

精武书局

午马 冬至 12月21-23日

冬至 the Winter Solstice

自古吃汤圆　　骑马舞长剑
壮士终报国　　洒酒烧纸钱

24

冬至

精武书局

未羊 冬至 12月21-23日

太阳黄经为270° 于公历12月21—23日交节

八九燕子来　九尽桃花开

夏进一杯酒　三羊喜开泰

冬至

24

精武书局

申猴 冬至 12月21-23日

冬至 the Winter Solstice

冬至大如年　　冬节祝康健
青帝也献酒　　天猴摆寿宴

太阳黄经为270° 于公历12月21—23日交节

冬至烧鲢鱼　鸡鸣意味殊
花钱细盘算　年年总有余

24
冬至
精武书局
戌狗 冬至 12月21-23日

冬至 the Winter Solstice

饺子年年包　冬至包运道
天狗也祈愿　鸿福步步高

四海皆友

24

冬至

亥猪 冬至 12月21-23日

精武书局

三〇九

太阳黄经为270° 于公历12月21—23日交节

蚯蚓未伸腰　　太阳爬新高
酒后不言冷　　仙猪穿棉袍

第二十三章

小寒
醉入黄昏

曲谱

小寒玄之音

小寒 Lesser Cold

春冬正握手　燕穿花角柳
神鼠避小寒　暖在鸳鸯楼

醉入黄昏

三一三

太阳黄经为285°　于公历1月5—7日交节

牛背披落霞　笛声飘柳花
醉入黄昏后　牧归进酒家

小寒 Lesser Cold

飞莺知东风　　吹雨后花庭
小寒半醒酒　　醉卧听虎声

太阳黄经为285° 于公历1月5—7日交节

乘尘顺风船　扬帆醉入眠
碰杯水上月　同是活神仙

醉入黄昏

三一六

小 寒

24

精武书局

辰龙 小寒 1月5-7日

小寒 Lesser Cold

小寒腊梅香　画桥推绿窗
龙女也思酒　抚琴唱鸳鸯

醉入黄昏

三一七

太阳黄经为285°　于公历1月5—7日交节

灯尽酒半壶　醉里芳容枯
唯见青娥女　依旧娇娇乎

小寒

24

精武书局

午马 小寒 1月5-7日

小寒 Lesser Cold

小寒鹊筑巢　　雪飘当鹅毛
江城风带雨　　热酒压冬潮

小寒

24

精武书局

未羊　小寒　1月5-7日

太阳黄经为285°　于公历1月5—7日交节

酒暖破小寒　更深醉意酣
谁为必胜客　能闯几道关

醉入黄昏

三二〇

小寒

24

申猴 小寒 1月5-7日

精武书局

小寒 Lesser Cold

小寒可望春　年味渐渐浓
何处不备酒　节前祭祖宗

太阳黄经为285° 于公历1月5—7日交节

小寒柳丝摇　酒石荡春潮
梅朵暗自放　哪等谁报晓

小寒

24

戌狗 小寒 1月5-7日

精武书局

小寒 Lesser Cold

喜听莺声啼　　渴饮杏花溪
清泉可当酒　　小寒也心怡

醉入黄昏

24

小寒

三三三

精武书局

亥猪 小寒 1月5-7日

太阳黄经为285° 于公历1月5—7日交节

冬虫初发声　只觉春将生
猪王行酒令　杯中旭日升

第二十四章

大寒
否极泰来

大寒玄之音

24

大寒

精武书局　　　　子鼠 大寒 1月20-21日

大寒 Greater Cold

大寒不言寒　春在雪中藏
一杯暖心酒　玉楼醉鼠王

大寒

24

丑牛　大寒　1月20-21日

精武书局

太阳黄经为300°　于公历1月20—21日交节

风花年年有　雪月也回头
心有千千结　酒量敢称牛

否极泰来

三二八

大寒 Greater Cold

冬尽草木青　水火也相容
一壶融冰酒　洒下即开春

否极泰来

大寒

24

卯兔 大寒 1月20-21日

精武书局

三二九

太阳黄经为300° 于公历1月20—21日交节

寒夜不争豪 独饮酒一瓢
诗浓睡意淡 轻吟到春晓

否极泰来

三三〇

24

大寒

精武书局   辰龙 大寒 1月20-21日

大寒 Greater Cold

冬深春将至   水下犹有知
拜天花间酒   求顺风雨时

大寒

24

精武书局

巳蛇 大寒 1月20-21日

太阳黄经为300° 于公历1月20—21日交节

昨夜雪茫茫　隔墙闻酒香
冬寒添旺火　兼炳祭灶王

否极泰来

三三二

24

大寒

精武书局

午马 大寒 1月20-21日

大寒 Greater Cold

相逢不言寒
人间真情暖

开瓶见衷肠
满酒溶春阳

24

大寒

未羊 大寒 1月20-21日

耤武书局

太阳黄经为300° 于公历1月20—21日交节

冰溪流清凉　东坡晒暖阳
牧羊女藏酒　御寒有高粱

否极泰来

三三四

大寒 24

申猴 大寒 1月20-21日

精武书局

大寒 Greater Cold

古钟敲远梦 庙深春已近
寺外一尊酒 供神不供人

否极泰来

24

大寒

精武书局

酉鸡　大寒　1月20-21日

三三五

太阳黄经为300°　于公历1月20—21日交节

花柳徐徐动　云月时时阴
大寒抱睛日　酒暖半忘春

否极泰来

24

大寒

三三六

精武书局

戊狗 大寒 1月20-21日

大寒 Greater Cold

大寒即轮回　相迎闻犬吠
否极泰自来　岁末品年味

大寒

24

亥猪　大寒　1月20-21日

精武书局

太阳黄经为300°　于公历1月20－21日交节

雪压树梢头　冰枝爆嫩柔
且看花仙乐　共饮春归酒

"春风如醇酒，物物不知"
——《春韵诗魂》跋

老友薛锡祥、张治中先生等大著《春韵诗魂》，即将由文汇出版社付梓，著名文学史家陈思和先生为本书作序，治中兄嘱我写几句话，做个"跋语"，却之不恭，我读了书稿，就写上几句话，与广大读者朋友分享。

《春韵诗魂》是一本很有特点的书，是一本廿四节气的诗歌集，也可称是一部音乐作品合集，更是节气和生肖组合的风俗图集，三集合一，内容就相当丰富了。书的创作者，包括军旅诗人薛锡祥、文创专家张治中的诗歌集，作曲家和指挥家姜小鹏做的乐谱，以及青年画家薄建春所绘288幅节气风俗画，他们依凭其各自深厚的艺术修养和勤奋的艺术实践，在文人诗和民间歌谣的结合中，走出了一条新的创作路径。我是很感佩的。

所以这本具有独特艺术风格的《春韵诗魂》，既可做文学诗歌来诵读，又能以节气风俗和生肖民俗画集来欣赏，更可以民间音乐的歌谱来聆听，礼、乐、道兼备，视、颂、声组合，就展现出了一幅很奇妙的画卷。老实说，自从廿四节气入选世界非遗项目名录之后，一般泛泛描述廿四节气和生肖文化的读物可谓叠床架屋，但真正做得如此用心、如此丰富且具有礼乐精神的还是鲜见。所以，我对这部书的成功出版，给予高度的评价并报以热烈的欢迎。

廿四节气与天干地支结合的生肖是两个既互相联系又有很大区别的知识系统，前者是指中国农历中表示季节变迁的24个特定节气，认知一年中时令、气候、物候等方面变化规律所形成的知识体系，始于立春，终于大寒，周而复始，既是历代官府颁布的时间准绳，也是指导农业生产的实用指南，是中华民族劳动人民长期经验的积累成果和智慧的结晶。在国际气象界，也有"中国的第五大发明"之盛誉。而生肖则是天干地支的符号，源自中国远古时代对天象的观测。"甲、乙、丙、丁、戊、己、庚、辛、壬、癸"称为十天干，"子、丑、寅、卯、辰、巳、午、未、申、酉、戌、亥"称为十二地支。天干地支组成形成了古代纪年历法。十干和十二支依次相配，组成六十个基本单位，两者按固定的顺序相互配合，组成了干支纪元法。前者的依据是观察太阳周年运动，后者则是以古老阴历为依凭，两者互补，共同形成中国人奉行"阴阳合历"的实际状况。

　　本书《春韵诗魂》妙就妙在将二十四节气与天干地支十二生肖两套知识系统融于一编，这种编排方法也是很新颖独到的，阐发了中国人古老的生活与生产智慧，这种智慧引导人们在适当的条件下可以积极进取、自强不息，而当面临灾难和生活的困境，又应当具有抱朴守拙、安贫乐道的襟怀和能力；面对世事变迁，中国人更是有一种顺应自然节律的贵生意识对待自己、注重健康且依时而动的能力。

　　我们的祖先认为，人是自然的产物，是天地万物的一部分，人类与自然同源同体。这一思想观念被称为"天人合一"，是中华民族传统文化的主流观念。以"天人合一"为理论渊源和逻辑起点，二十四节气也好，天干地支生肖符号也罢，都是人们生产生活的时间指南，是指引人们遵循天、地、人、物和谐共生之道的"韵律"，而中国文化中的礼乐精神，也正是其"魂魄"所在。荀子说礼者，"礼者，人道之极也"。极者，则最高也。礼，说到底就是保证把道走好的规则。道和礼一内一外，相辅相成，互为因缘。

我想，本书冠以《春韵诗魂》的书名，是颇具深思熟虑的一种思考。作者想体现的正是中华礼乐精神，诗之于"礼"，韵之于"乐"，凸显的是中华文明是礼乐文明，全书的设计与布局也是很用心的。礼乐是制度文明、行为规范，以乐造士、礼乐治国、乐善风俗等都是中华传统之乐的核心社会功能与价值存在，以乐承德、以声传教、以美育人、以乐成人是中华文化所倡导的乐教核心精神，也是中华传统美育精神的核心归旨，其实质是道德仁义的具体规定和文明表达。道不可离，维系社会人心的社会秩序和情感艺术——礼、乐不可离，和乐、庄敬之身心不可离，这才是教育的终极目的。放弃对孩子一生幸福的关怀，将教育聚焦于获取名利的孜孜以求，是对中国礼乐文化精神的背离，也是对下一代生命的漠视！

本书的创作团队是很强悍的，诗文作者薛锡祥先生原是空军大校，戎马倥偬之际，吟诗作画，才华横溢，曾经参与20世纪60年代国家《红旗颂》组诗的创作，诗文繁茂，著作等身，是我很敬重的一位诗人和战友；诗文的另一作者张治中先生是文创领域的专家，多年来在文创领域屡有奇思妙想，在传统文化与当代社会生活的结合上，成功创作了许多作品，屡有斩获，成果累累。由薛、张二人组合并领衔，"友情如根繁叶葱，合作沉淀两心通。"他们共同创作、新意迭出的廿四节气与十二生肖的大型组诗《春韵诗魂》殊属不易，可喜可贺。

为本书《春韵诗魂》生色的是青年画家薄建春，我认识小薄是在十多年前，那个时候他从老家江苏连云港来沪不久，我在闵行见到他，还是一个略带腼腆和青涩的小伙子，话语不多，给人一种很敦实的感觉。他的插画很有个性，记得那个年代，我就对薄建春说，不要追求高高在上的感觉，还是要表现现实的大众生活。特别是在自媒体时代，插画能够在互联网的平台上获得展示空间，这种传播分享的方式可以突破传统意义上以杂志、书籍作为主要媒介进行传播的限制，实际上也给一些名不见经传的青年画家提供了更多的展示机会。这次，薄建春奉献出手绘的公益插画288幅，在表现廿四节气与生肖之美的同时，也将其内容内涵融入进去，最终达到了视觉传达的目的，"画为无声诗，诗是有声画"，与诗歌、歌谣相得益彰。

为《春韵诗魂》谱曲的是著名音乐作曲家和指挥家姜小鹏博士。前些年应邀出席"致敬国际电影配乐大师埃尼奥·莫里康内"交响音乐会，使我认识了上海音乐学院的高材生姜小鹏博士，那场音乐会，乐曲丰富，结构宏大，各种乐器配置齐全，音响力量雄浑深远，音乐千变万化，在姜小鹏博士的指挥下，乐队的表现力得到高度发挥，演出获得了极大成功，这次姜小鹏为《春韵诗魂》谱曲，他写的曲谱"玄之音"系列，很好地表现了廿四节气的气韵，玄是天，诗是魂，"立春玄之音""雨水玄之音""惊蛰玄之音"……听众们感受到的就是天籁之音了。如前所述，本书加进了曲谱，是这类读物的一大创新点，姜小鹏博士的创造性劳动，增加了《春韵诗魂》的丰厚度。

《春韵诗魂》之"春"，原本也是酒的称谓，《诗经·豳风·七月》中有"为此春酒，以介眉寿"之句。苏轼说："唐人名酒，多以春名。"酒还有许多别称，但称"春"为酒则最雅。春，给人以希望，给人以力量，给人以激情；每每饮酒时，若能想到是在"畅饮春天"，这酒里也就多了一份文雅与浪漫。

宋代文人程致道诗《过红梅阁》云："春风如醇酒，著物物不知。绿树见芳芽，花香引蝶戏。"春风犹如醇厚的美酒，它滋润着万物，使万物不知不觉地陶醉在明媚的春光里。花草树木都已发芽，阵阵花香引来蝴蝶翩翩飞舞。现代科学技术日新月异的发展，正不断更新着中国人的生活方式。身处滚滚红尘之中，琳琅满目的物质资源、快节奏的社会生活压力、不断更迭的媒介信息已经悄然成为人们日常生活的主导元素。当然，人们在享受着生活便捷的同时，也付出了被技术挤压生活空间的代价。无论生活怎样变化，我想，中国人的田园物候、天人合一；对于四季有序、万物有时的顺应与在此基础之上的勤勉，则是不会改变的。

因此，读一读这本《春韵诗魂》，从中汲取中国先民智慧的推演和生活的总结，并作为生活的律历和方位，为世代的中国人增强文化自信和文化定力，则是大有裨益的。

上海市民俗文化学会会长、华东师范大学教授

仲富兰

2023年7月6日于沪上"凝风轩"

图书在版编目（ＣＩＰ）数据

春韵诗魂 / 精武书局编. -- 上海 : 文汇出版社,
2024.3
ISBN 978-7-5496-4208-3

Ⅰ．①春… Ⅱ．①精… Ⅲ．①二十四节气－通俗读物
②十二生肖－通俗读物 Ⅳ．①P462-49②K892.21-49

中国国家版本馆CIP数据核字(2024)第045136号

春韵诗魂

编　　者 / 精武书局

责任编辑 / 熊　勇
封面设计 / 张　晋

出版发行 / 文匯出版社
　　　　　　上海市威海路755号
　　　　　　（邮政编码200041）
经　　销 / 全国新华书店
印刷装订 / 上海颛辉印刷厂有限公司印刷
版　　次 / 2024年3月第1版
印　　次 / 2024年3月第1次印刷
开　　本 / 890×1240　1/32
字　　数 / 180千
印　　张 / 11.25

ISBN 978-7-5496-4208-3
定　　价 / 88.00元